汉字臆解

郭凤文 著

中州古籍出版社

图书在版编目（CIP）数据

汉字臆解/郭凤文著.—郑州：中州古籍出版社，2013.1
　　ISBN 978-7-5348-4137-8

Ⅰ.①汉…　Ⅱ.①郭…　Ⅲ.①汉字—研究　Ⅳ.①H12

中国版本图书馆 CIP 数据核字（2013）第 013723 号

责任编辑：朱志永
责任校对：俞长缨
出 版 社：中州古籍出版社
　　　　　（地址：郑州市经五路 66 号　邮政编码：450002）
发行单位：新华书店
承印单位：郑州方志印务有限公司　0371-67811485
开　　本：787mm×1092mm　1/16　　印　张：10.5
字　　数：90 千字　　　　　　　　　印　数：1—2000 册
版　　次：2013 年 3 月第 1 版
印　　次：2013 年 3 月第 1 次印刷

定　价：36.00 元

本书如有印装质量问题，由承印厂负责调换。

作者简介

郭凤文,男,汉族,出生于二十世纪六十年代,河南省武陟县人,毕业于郑州大学系统科学与数学系,先后任乡镇团委书记、县委组织部副科长、科长、副部长、乡镇党委书记。

自　序

　　我小的时候生活在农村,村里村外的墙体标语是我最先注意的汉字组合体。每当我看到这些标语,就会驻足凝视,一个个鲜活的汉字犹如表演着各种舞蹈。此时,最大的愿望就是上学,并且这种愿望一直在膨胀、拓展,想要学很多很多的汉字,读很多很多的书。当时,每认识一个汉字,就高兴得不得了,好像结识了一个新伙伴。随着学历、阅历的增加,对汉字的起源和发展有了更深的了解,同时对汉字的形意产生了浓厚的兴趣,也日益感觉到我们祖先的伟大和汉字的美妙。汉字是世界上最古老的文字之一,是记录事件的书写符号。为了书写方便,并能表达更多的含义,我们的祖先根据改造自然的需要,逐步改造着汉字,使汉字在形体上逐渐由象形的图画形符号演变为由笔画构成的方块形符号。这种表意文字,具有独特的魅力,我在面对它们时,往往会产生大胆而美妙的想象,加上我在基层实践中的所思所想,其中所蕴含的道理就会凸显出来。有一次,我在阅读一份文件,其中有一项内容是奖惩措施。当我看到惩字时,就觉得惩字给我们讲了一个道理,惩,只有征服其心,才有最好的效果。于是,我就对惩字进行了解析。惩,其意是处罚。从惩的字形看,由征和心组成,可理解为征服其心。不论对犯罪、犯错误或违反某项规则的人如何进行相对应的处理,都要使其本人和知晓事情来龙去脉的人心服口服。再如与人的情绪有关的忿字,其意是心绪散乱,由生气而引起情绪糟糕。有一回,有位朋友遇到了不顺心事,十分忿怒,而且在给我诉说时,越说越生气。这时,我想到了忿字,用忿字的解析对这位朋友进行了劝解。从忿的字形看,由八、刀、心组成,即谁处于忿的状态,其心之上就是悬着八把刀,就会伤体、伤心、伤神。就这样,一些鲜活的满含着做人做事道理的汉字,每当我在阅读时,就会在我眼前跳来跳去。我就参照《新华字典》、《现代汉语词典》、百度百科汉字解释以及其他说文解字的资料,根据这些汉字的形、意进行解析,把这些汉字所蕴含的道理摆出来,以与大家一起受到启发和教育。这里共解析了156个字、词或词组。每解析一个字、词或词组,对我来说,都是灵魂的净化、境界的提升、行为的警醒。这些都是我自己的感悟,恳请大家批评指导。在我对这些字词进行解析的过程中,得到了郑州大学文学院彭慧老师的指导和帮助,同时,同事们也给予了我极大的关心和支持,在此我表示衷心的感谢!

郭凤文
二〇一二年四月十七日

序　言

　　汉字是中华民族群体智慧的结晶，它凝聚了中华民族五千年来的历史风云和社会文明，也孕育了中华儿女浑厚、质朴的气质秉性和精神品格。汉字的形与义有着密切的联系，探寻其中的奥秘，我们既能深刻领略到汉字本身的独特魅力，也能深切感悟到汉民族的睿智光芒。

　　当然，在对汉字进行文化解析的过程中，为了从根源上澄清汉字与汉文化的关联，我们必须了解汉字发展演变的历史。然而，若从宁夏大麦地岩画中发现的图画文字算起，汉字的发展距今已走过了七八千年的历程，因而，在这样一个漫长的演进过程中，汉字发展演变的复杂状况显然是常人难以料及的。另一方面，自1956年国务院颁布正式推行汉字简化运动以来，简化字已深入人心、根深蒂固。普通大众对汉字从甲骨到小篆，进而由小篆到楷体的发展历程鲜有所闻，甚至是对汉字由繁到简的发展演变也知之甚少。这就是说，简体字在人们的学习、生活中已成为一种不可遏制、不容逆转的事实。立足于此，那么无论是从陶冶心性的深层角度，还是从识字、教学的便利角度来看，建立在简体字基础上的形义说解似乎都是无可厚非且大有裨益的，而建立在繁体字基础上的形义解析虽然科学严密但推广普及起来却障碍重重。近年来，基于简化字的汉字拆讲、汉字趣解日益流行，甚至在高考语文试题中也出现了一些类似之举。由此可见，简化汉字虽然在一定程度上偏离了汉字的本源，但在其简单的形体背后依然蕴含了一定的文化精神、体现了一定的人生感悟，这种形与意的关联或许并不准确，但却已得到普通百姓的认可，并成为他们日常生活中津津乐道的事情。

郭凤文同志是我的校友，经人介绍，有幸拜读了他的手稿——《汉字臆解》，出于一种专业对非专业的好奇，便认真阅读了全文。读完之后，感慨颇多，尽管从专业的角度来看，基于简化字的形义说解显得不够规范、严密，但作为一个从事基层党务工作的干部，他能有这种思考汉语、探索汉字的精神着实令人赞叹，而能够将自己的实际工作和对汉字的理解感悟紧密结合起来，并试图以之启迪和教化世人，则更令人敬佩。作为一个所谓的"内行"校友，我不禁为之汗颜，并深刻体会到先哲所谓"修己以安人"与"学以致用，经世济民"的精神要义。自愧之余，便写下这些文字，算是该书第一位读者的一些心得体会。

彭　慧
二〇一二年六月三日

目　录

A

安全 . 001
昂扬 . 002

B

办 . 003
伴侣 . 004
宝 . 005
悖 . 006
愎 . 007
怵 . 008
别墅 . 009
炳 . 010
怖 . 011

C

财 . 012
差不多 . 013
悄 . 014
怅 . 015

诚 . 016
惩 . 017
痴 . 018
耻辱 . 019
宠 . 020
愁 . 021
怆 . 022
聪 . 023
忖 . 024

D

怛 . 025
忉 . 026
导 . 027
道 . 028
敌人 . 029
爹 . 030
董 . 031
抖擞 . 032
读 . 033
怼 . 034

夺 . 035

F

发怒 . 036
法 . 037
贩 . 038
奋起 . 039
忿 . 040
抚恤 . 041
腐 . 042
赴 . 043

G

尴尬 . 044
赶超 . 045
哥 . 046
胳 . 047
功 . 048
沟通 . 049
辜负 . 050
规矩 . 051
匦 . 052
诡辩 . 053

H

好 . 054
劾 . 055
和谐 . 056
贺 . 057

赫 . 058
讧 . 059
坏 . 060
慌 . 061
会议 . 062
诲 . 063
婚 . 064
惑 . 065

J

讥讽 . 066
跻身 . 067
健 . 068
诘问 . 069
洁 . 070
警 . 071
静 . 072

K

勘 . 073
垮 . 074
跨越 . 075
诓 . 076
魁 . 077
悃 . 078
阔 . 079

L

捞 . 080

苊 . 081
粮食 . 082
劣 . 083

M

忙 . 084
魅 . 085
闷 . 086
懑 . 087
梦 . 088
宓 . 089
泯 . 090
目标 . 091

N

能耐 . 092
牛气 . 093
努 . 094
懦夫 . 095

O

讴 . 096
怄 . 097

P

丕 . 098
批评 . 099
毗 . 100
疲惫 . 101

Q

歧 . 102
洽谈 . 103
谦让 . 104
禽 . 105
赇 . 106
裙 . 107

S

奢侈 . 108
晟 . 109
实 . 110
势 . 111
舒服 . 112

T

太 . 113
忐 . 114
偷 . 115
团结 . 116
拓 . 117

W

玩 . 118
忘 . 119
伪 . 120
闻 . 121
吻 . 122

稳定 . 123
误 . 124
悟 . 125

X

惜 . 126
晰 . 127
辖 . 128
宪 . 129
想念 . 130
协调 . 131
悻 . 132

Y

徛 . 133
医 . 134
怡 . 135
忆 . 136
艺术 . 137
幼儿园 . 139
诱饵 . 140
狱 . 141
悦 . 142

Z

峥嵘 . 143
挣 . 144
整体 . 145
证明 . 146
政府 . 147
祉 . 148
挚诚 . 149
挚友 . 150
智 . 151
滞 . 152
忠诚 . 153
忠 . 154
钟情 . 155
筑 . 156
诹 . 157

安　全

　　安全是指人、物、环境不受到威胁和破坏的一种良好状态。从安字来看，女人在家里能正常的生活，说明这个家庭平静、稳定。从全字来看，由人字和王字组成，王是代表一个集体的领导。人在上，王在下，不仅体现出领导对每个集体成员的尊重和保证每个集体成员生命以及财产完整的责任，而且体现出整个集体的完整。因此，安全最重要的就是家庭稳定、集体完整。只有在这个基础上，不断地、积极地发展集体的事业，每个集体成员的生活才会更和谐、幸福。

2011.5.2

昂 扬

昂扬，其意是情绪饱满高涨，奋发向上。但是，对于每个人来说，思想状态如何能达到昂扬的境界，这从昂、扬的字形和字意可得到具体的提示。先看昂字，昂有一个意思是我，指自己，且内含日字，日的意思是每天、太阳，太阳也即光明；扬，其意为高举，也即向上。将昂、扬连在一起，可以从三个方面来理解。首先，做人做事要光明磊落，襟怀坦白。其次，每天都要反省自己，古人所说的吾日三省吾身就是这个意思。所以，我们在忙了一天之后，要将当天做的事情思考一下，看哪些做好了，哪些还没有做好，哪些是经验，哪些是教训，然后，将没有做好的事情与第二天需要做的事情一起进行认真分析、梳理，拿出更加科学、有效的办法，为做好第二天的事情奠定基础，创造条件。第三，要积极向上。对于每个人，一生都要有积极向上的心态，积极向上的追求，积极向上的精神，每天都要为社会多做一些有益的事情。这样，我们就会以更加昂扬的精神状态投入到社会建设当中，把我们的国家建设的更加美好。

2011. 12. 19

办

  办,其意为办理、治理。从办的字形看,是力的两边各分布一点,表示平衡。由此可以理解,我们办理某项事情或对某项事情进行治理,在施以力量的同时,还要处理好方方面面的关系,保持各种力量的平衡,这样就更加有利于工作。

2011. 11. 12

伴　侣

　　人们日常称夫妻为终身伴侣。从伴、侣的字形看，含有半、吕两个字。先说半字，结为夫妻后，就是一个整体，其中任何一方都是对方的另一半，只有合在一起，才是完美无缺。再说吕字，其意为脊梁骨，这就表明夫妻两人都是家庭的支柱，承担着家庭建设和发展的重任。所以，夫妻两人要同甘共苦，相亲相爱，不仅要把家庭建设好，而且还要为社会多做些有益的事情。

2011.11.1

宝

　　宝字由家和玉组成，玉是家中宝。其实，人又何尝不是家中之宝呢？每个家庭成员都是很重要的，如果人人都身体健康，心情愉快，家中就会其乐融融，充满生机和活力。在现实生活中，大家都将孩子视作家中之宝。大人对孩子，捧在手心怕掉下，含在口里怕化掉，珍爱有加，衣、食、住、行、学等具体事样样包揽，这样，就会直接影响孩子健康、快乐成长。既然想让孩子成才，就要像对待玉石那样，科学、合理、用心雕琢，在自理中引导，在自立中培养，在自强中鼓励，使其真正成为家之宝，国之宝。

2011.6.18

悖

　　我们在语言交流中，通常把错误的理论说成悖论。认真品味悖字，其中也蕴含着一定做人的道理。悖，其意为和事实相冲突、违背常理。从其字形看，悖字由心和孛组成。心是心里的感觉，孛是慧星的别称，也指彗星出现时光芒四射的现象。心与孛连在一起，就是心里感觉光芒四射，即心里感觉方方面面做得都很好。可是，一般情况下，人们在产生这种心理状态时，就会滋生出骄傲自满来，当人们骄傲自满时，做一些事情就会与实际情况相冲突，甚至违背常理。其实，我们把当前方方面面的事情做得很好，只是为以后更好的工作和生活创造了条件，这种现状不可能一劳永逸。所以，当我们处于这种现状时，要沉着、冷静、客观、理性地对当前的工作和生活情况进行认真分析，树立一个科学的目标，继续努力奋斗，这样，我们的工作就会干得更好，生活就会过得更好。

2011. 11. 3

愎

　　愎就是任性，听不进他人劝说。从愎的字形来看，含有复字。复有一种意思是还原，就是使某种现象回到从前状态。这与愎的本意是一致的。但是，复还有一种意思是回报。那么，当我们听到他人劝说时，要正确对待。要把劝说的意见与我们所做事情结合起来，认真分析研究，将对事情发展有好处的东西采纳过来，这样有利于我们更好地工作和生活，同时对劝说者也是一个很好的回报。

2011. 11. 3

忭

　　忭就是心里欢喜、快乐。从忭的字形看，由心和卞组成。心指心里状态；卞，其意是急躁，就是性子急，不慎重。心和卞合在一起，就是心里着急，没有慎重处理事情。这就告诉我们，不论心里有多欢喜，多快乐，都要冷静、慎重，以免乐极生悲。

2011. 11. 3

别　墅

别墅，是居室之外用来享受生活的独立的庄园或居所。从字形看，别字由另和刀组成，刀在这里可以理解为厨刀，就是另立锅灶的意思。墅字由野和土组成，就是在郊外田野里建设的房屋，这是方便休闲生活。虽然别墅里有另和野字，但是人的思想不能野，这里的主人应该是自己的家庭成员，不能另外找配偶之外的人进行野合，或聚集一些人做些有伤风化、违犯法律法规的事情。别墅是游玩休养的地方，是保健所、加油站、充电室。在这里生活是为了恢复体能，调节情绪，修身养性，利用这些职能保养一个健康的生理和心理状态。只有这样才能有精力、有能力、有魄力为社会做更多有益的事情。

2011. 6. 15

炳

炳，其意是光明、显著。从炳的字形看，由火和丙组成，火是物质燃烧过程中散发出光和热的现象，可理解为光芒；丙是天干的第三位，也表示次序的第三。这里告诫我们，不论是谁，要想得到彪炳千秋的业绩，必须得谦虚。在任何时候，都要把自己摆在次要的位置，不是第一、第二，而是第三之后，迟早要感觉到前有标兵，后有追兵，不断地鞭策自己，激励自己，把事业做得更好。

2011. 12. 19

怖

怖，其意为惊惧、害怕。从怖的字形看，内含布字。布的意思是安排、设置。这就告诉我们，不论做什么事情，首先要调查研究，吃透情况，明确有利的因素是什么，不利的因素是什么；然后对有利的因素积极利用，对不利的因素进行疏导、规避。这样，只要我们事前安排、设置妥当，做事情就会游刃有余，惊惧、害怕的现象就会很少发生。

2011. 12. 19

财

　　财，其意为一切有价值的物品。从财的字形看，由贝和才组成。贝指钱币，泛指有价值的物品，才在这里可理解为能力。贝与才联合起来，就是告诉我们，只有具备较强的能力，才能得到和创造更多有价值的物品，即财富。

2011. 6. 16

差不多

我们经常会听到一个人在回答另一个人问题时,使用"差不多"这个词。"差不多"这个词的意思是所做的事情离自己或他人的愿望和要求还有一点儿距离。但是,认真分析"差不多"这个词,需要从四个方面来理解:第一,是谦虚谨慎。事情做的很好,可自己总认为还有需要改进和完善的地方。第二,是实事求是。所做的事情确实与自己和他人的愿望和要求有一点儿差距,能正视这些问题,并找出原因,继续努力干事。第三,是支差敷衍。有些事情不想让他人知道,或让他人知道的太多,就用这种回答方式来应付。第四,是对事情发展的情况不了解,不能确切地表述,就会含糊其辞,用"差不多"来回答。不论哪种情况,作为交流者,或者决策者,都要认真对待、认真分析、认真理解,便于获得更有价值的信息。这也提醒我们大家,相互之间要尊重、理解、支持,使"差不多"变成确切的、能更有效沟通感情的、积极帮助工作和生活的用语,以促进我们的人生和谐幸福。

2011. 8. 3

惝

惝，其意为失意、惆怅。从其字形看，由心和尚组成。心指心里存在，尚是高尚。这就是说，心与尚联系在一起，就是心里存在一种高尚的追求，即要有高尚的情操，高尚的品格，高尚的事业。如果每个人都有这样的追求，努力做一个勤劳、朴实、大度、真诚、勇敢、清廉的人，积极为人民、为社会多作贡献，就不会感到失意、惆怅。

2011.11.6

怅

怅，其意为不如意、不痛快。从怅的字形看，里面含有长字。长的意思是太久、长远。人在日常工作和生活中，难免会遇到一些不如意、不痛快的事情。我们要学会调节自己，一方面要放弃这些不如意、不痛快的事情，不能让这些不如意、不痛快的事情在自己的脑海里停得太久，压得自己喘不过气来；另一方面，不管什么事情，都要做好长远的谋划，一切从长计议。只有这样，才能减少事情的不如意，心情的不痛快对我们工作和生活的影响，使我们工作更顺利，生活更愉快。

2011.11.8

诚

诚,其意为真心、实在。从诚的字形看,由言和成组成。言是对人说话,成意为百分之百。言与成联合起来,表示百分之百的讲话,不打折扣的言语,即实打实的说话,体现的是对人的真心、实在。如果人与人之间的交往,都能体现出真心、实在,那么我们做什么事情就更易成功。

2011. 10. 23

惩

  惩，其意就是处罚。从字形看，由征和心组成，可理解为征服其心。不论对犯罪、犯错误或违反某项规则的人如何进行相对应的处理，都要使其本人和知晓事情来龙去脉的人心服口服。只有这样，才能对其本人以及其他人产生更好的警示、教育作用。

2011. 7. 16

痴

　　痴，从字形看，由知和病组成。知就是对某项事情或某类知识晓得、明了。但是，不论是哪种事情或哪类知识，都要正确认识、理解、研究，且不偏、不倚、不过，否则，这种获取方式就成了病态，即由知转变为痴。

2011. 8. 15

耻　辱

　　耻辱是名誉上所受到的损害，这是人的一种感觉。几乎每个正常人都不同程度地体验过耻辱这种感觉。它可以是个体性的，也可以是群体性的。但是，一些人往往无所适从，有的萎靡不振，生闷气；有的情绪冲动，行为过激。这些都影响正常的学习、工作和生活。从耻、辱的字形看，会使我们有所感悟。耻由耳和止组成，耳是听到、听说，止是停住，中断进程；辱由辰和寸组成，且辰在地支中属龙，代表中华民族精神，寸是极小。这就是说，当一个人或群体受到耻辱时，要沉着、冷静，不要听信他人的议论，要认真分析来龙去脉，找出其中的关键因素，力求将心理影响降到最低程度；要坚强、自信，发扬中华民族精神，从小处着手，完善自我，提高自我，培养自己勤劳勇敢、艰苦奋斗、不屈不挠、大胆创新的作风，不断作出新的辉煌的成绩。

2011. 10. 1

宠

宠，由家和龙组成。家与龙联合起来表示豢养在家里面的蛇类。这里把蛇类当做龙，体现了每个家庭都望子成龙。其实，既然想把孩子培养成龙，那就不要将孩子当做宠物来养。过分宠爱孩子，饭来张口，衣来伸手，把孩子培养成了家里的小公主、小皇帝。这样，孩子从小就在大人不理智、不健康的关爱中成长，没有培养其独立生活，独立思考，独立自主的能力。当孩子走向社会后，就会感到缺乏自信心、自制力、自强力，直接影响孩子的生活和工作。所以，我们对孩子要爱而不宠。孩子是祖国的未来，是民族的希望，要精心地把孩子培养成国家的有用之才，使孩子身上体现出中华民族龙的精神。

2011. 6. 17

愁

　　愁字，由秋和心组成，构意是秋天的心情。这里面同时蕴含着悲观主义和乐观主义的心态。一方面，秋天是收获的季节，一些人心里牵挂着劳动的成果，存在着今年的收成是否好于往年的情态。同时，随着气温的下降，许多多年生植物的叶子会逐渐变色、枯萎、飘落，一年生的草本植物将枯萎死去，给人一种秋风萧瑟天气凉，草木摇落露为霜的感觉，愁肠百结。这里体现的是悲观主义的心态。另一方面，秋天，硕果满枝，田野金黄。广大农民的辛勤付出，在这时要转化为成熟的果实，呈现在人们面前，煞是喜人。虽有落叶，但体现出的是叶落归根的思乡情节。况且，多种植物经过秋季、冬季的养分积蓄，春天会带给人们绿的世界，花的海洋。春光明媚，舒适宜人，这种感受是追求、是梦想，追求比占有更幸福。这里体现的是乐观主义的心态。

　　任何事情都是一个矛盾体，我们要从不同的侧面对事情进行综合的、客观的、正确的分析，从中找出积极的、向上的东西，来激励人们乐观的工作和生活，要愁中带求，愁中带梦，愁中带喜。

2011. 6. 13

怆

怆，其意是悲伤。从怆的字形看，由心和仓组成。心指心情，仓指国家粮仓。心与仓联系在一起，其意思是粮仓空了，君主心情悲伤，实际上就是心里忧着粮仓，忧着粮食充实与否。其实，不论什么时代，粮食问题始终是最大的民生问题。关注粮食生产就是关注民生。可是，随着社会的发展，民生方面的事情，不仅仅是单纯的粮食生产，还有住房、就医、就业、就学以及与人们工作和生活密切相关的其他事情。作为区域管理者，如果能把这些民生问题解决好，就不会出现悲伤的现象，而只能是感到欣慰。

2011. 11. 6.

聪

　　聪，即聪明，其意为心思灵敏。从聪的字形看，由耳与总组成。耳指听说，总可理解为总是。耳与总联在一起，就是告诉我们，如果总是善于听取方方面面的意见，人就会变得聪明。

2011. 6. 16

忖

忖，其意是思量、揣度。从其字形看，含有寸字。寸是短小的意思。这就告诉我们，不论思量、揣度什么事情，都要从小处着眼，然后由小及大，由细及粗，由近及远，由低及高，认真分析研究，这样就会有利于事情的办理。

2011. 11. 6

怛

怛，其意为痛苦。从怛的字形看，里面含有旦字。旦是指早晨太阳刚刚升起的时候。这里给我们这样的启示，要把痛苦看做是早晨的雾霭，它是短暂的，当太阳出来以后，随着温度升高，很快就会消失，并且要把自己的心情调整如早晨太阳刚刚升起的时候，始终能朝气蓬勃，精神振奋的投入到自己的事业当中。

2011. 12. 25

忉

忉，其意是忧愁、忧伤。从忉的字形看，里面含有刀字。当一个人由于种种原因产生烦恼的时候，要用刀迅速斩断忧愁、忧伤的思绪，使自己从忧愁、忧伤的困境中走出来，从容的面对现实。要找出使我们产生忧愁、忧伤的原因，有针对性的进行调整，充实自己，提高自己，并且注重协调方方面面的关系，逐步消除使自己产生忧愁、忧伤的因素，高高兴兴、精神百倍地投入新的生活。

2011.11.8

导

  导，其意为指引、带领。它由巳和寸组成。巳和寸都是极短和极小的意思。这就告诉我们，不论是什么行业、系统、区域的管理人员，在指引和带领工作人员干事时，指导思想和工作方法要切合实际，力求从细、从小、从近着手计划，然后由细及粗，由小及大，由近及远，使所干之事实用、可行、超前、科学。

2011. 6. 20

道

　　道指道理。从字形看,与区域首领有关,是区域首领坐在车子里,巡视到什么地方,发号一些施令,其言就是道,即道理。

　　可是随着科学的发展,社会的进步,文明程度的提高,对道理的评判就有了新的、科学的标准,从古代落后的管理体制中走了出来,国家制定了宪法,是被国家赋予的强制性社会规范。对于各个区域,各行各业出现的问题,能通过法律渠道解决的,就诉讼到司法机关,对于不能通过法律渠道解决的,就由区域和行业的领导干部进行协调解决。但是不论哪种方式,都需要领导干部有较高的综合素能。一方面要加强学习,在实践中磨炼自己,提高自己,要有走近群众、贴近群众、融入群众、了解群众的能力,对于群众反映的问题要听得进,听得懂,听得出是是非非。另一方面,要不断增强科学决策,驾驭全局的能力,对于复杂疑难事情要能科学的处理。这才是新时期、新形势下合格的管理者。

2011.6.14

敌 人

敌人，在一般情况下是指互相仇恨而敌对的人或敌对的方面。对于每个团体或个体来说，有敌人是客观的，而且敌人是必须有的。因为有了敌人，为了消灭敌人，才能激发我们的奋斗热情，产生无穷的智慧。但是，消灭敌人有两种方式，一种是中断其生命；一种是把敌人转化为朋友，这一种是智慧。实际上，没有永远的敌人，尤其是我们大家都在努力建设和谐社会的今天，需要我们不断地把敌人转化为朋友，来增强我们的力量。至于把敌人转化为朋友的方式，从敌字可以看出端倪。敌字由舌和攵组成。舌指通过言语说服教育，攵指击打，文武两种方式都有体现。但是，一般情况下，我们都以说服教育为主。所以，我们要以情感人、以理服人、以法治人，使敌人不断地转化为朋友。这样，不仅增强我们的凝聚力、战斗力，而且增强我们的吸引力、感召力。

2011.12.26

爹

  爹就是父亲。从其字形看，由父和多组成。父指父亲，多指多个子女。父与多联系起来就是有三个以上子女的父亲。在传统的思想观念中，人们通常认为是多子多福，可是很多老人并没有在多子女的环境中享到福气，而只是过度的操劳。为此，作为子女，我们要正确认识爹字中的多字，多关心、照顾老人，多为老人着想，多做一些有益于老人身心健康的事情，使老人能够享受到家庭的温馨，社会的关爱，保持心情愉快、身体健康。

2011. 11. 12

董

董，其意为监督管理。任何一个群体，都需要监督管理。细品董字，可悟出一些道理，就是如何进行有效的监督管理，使一个群体能更好地发挥其整体效能。从董的字形看，由草和重组成，草可以理解为草根，指基层民众。重的意思是要紧、主要以及认为重要而认真对待。这就告诉我们要想搞好监督管理，得从三个方面努力。首先，要注重深入基层，多与基层群众、一线工作者交流沟通，了解他们的所思所想所求，为正确决策提供依据。其次，要善于抓主要矛盾，对于影响大局的要紧事情、主要事情，要紧抓不放，及时处理，为整体工作的顺利开展奠定基础。第三，对于自己认为重要的事情，要认真对待，大到群体发展方面的事情，小到个体生活方面的事情，要不推、不拖、不等、不靠，有一件及时解决一件，理顺各种关系，确保整体工作快速推进。

2011.12.26

抖　擞

抖擞，其意是焕发、振作、旺盛的样子。我们在形容人们精神振奋时，就用精神抖擞来表达。从抖的字形看，里面含有斗字，斗的意思是争胜。擞的意思是边数数边动手。所以，抖擞一词包含着如何才能焕发、振作、旺盛的道理。一是要有清晰的思路。数数就是算计，算计就是理思路，制定计划、措施。二是要有实干精神。动手就是实干。思路再清，计划、措施再周到，不实实在在落实等于零。三是要有拼搏精神。斗的意思是争胜，争胜就是拼搏，要敢于斗智、斗勇、斗力、斗劲。只有这样，才真正是精神抖擞。

2011.12.26

读

  读就是读书学习。从读的字形看，其既是学习的过程，又是学习的目的。读由言和卖组成，言的意思是说、讲，卖的意思是尽量使出来。即把通过读书所学的知识尽量传递给他人。这就提示我们大家，要常读书，多读书，读好书，尽量多学些知识，然后把所学知识以科学的方式传递给与自己有联系的人。如果大家都能这样做，国民素质会提高的更快。

2011.9.29

怼

  怼，其意为怨恨。从怼的字形看，由对和心组成。对的意思是正常、正确和适合；心指心理状态。为此，当我们心里产生怨恨时，要及时调整自己，保持正常的心态，理出一个适合自己性格、适合自己素质、适合目前现状、适合未来发展的正确的思路，使自己从怨恨的心态中走出来，以便更好地工作和生活。

2011. 12. 25

夺

　　夺的意思是争先取到。但是如何争先取到，这从夺字可以看出一些方式方法。夺由大和寸组成，大即宏大、远大，寸即细微、细小。为此，我们可以从三个方面理解。一是不管思路多么宏大，落实要从小事开始；二是不管什么事情，都要下大力气，从细微处着手，一步一个脚印地去实现自己的目标；三是不管从事什么行业的工作，大、小都要兼顾到，即要兼顾到高职务与低职务、钱多人与钱少人、大人与小孩以及其他含有大小之分的个体或群体的感受和关系，为我们开展工作创造条件。只有这样，我们才会顺利夺冠。

2011.11.9

发 怒

　　发怒，就是因愤怒而表现出粗暴的声色举动。单看怒字，由心和奴组成。由此可以看出，谁发怒谁就会成为心奴。此时，心灵就要受到或多或少的精神折磨。因此，人们要学会制怒，要冷静、理智、科学地看待、理解、处理任何事情。

2011.8.15

法

　　法，即法律、法度。从法的字形看，由水和去组成。在这里，水的含义可理解为执法如水平面一样，必须公平。可是，水具有柔弱性和随势性。所以又提示我们，在执法中，要人人平等，避免存在水的这种特性。再看去字，其意为离开、除掉。这就是说我们不论做什么事情，都要消除掉身上的坏毛病，远离违法的行为和环境，做一个讲究道德、遵纪守法的人。

2011.8.29

贩

贩，其意为做买卖。从贩的字形看，由贝和反组成。贝指货币，反指相反的方向。贝与反联系在一起，就是买卖双方一手交钱一手交货。但是，反还有一个意思是违背。这就是提醒我们，不管做什么买卖，都要公平交易，不做违背道德和法律以及损害国家和人民利益的事情。

2011. 11. 9

奋　起

　　奋起其意为振作起来，这是一种积极的精神状态。从奋字看，由大和田组成，勾画的是人们在大田里辛勤耕耘的劳作场景。从起字看，由走和己组成，且己在走上，其意可理解为自立和勤快。从奋起这种状态，给了我们深刻的启示：不论做什么事情，都要敢干、肯干、实干、能干、快干。

2011. 6. 22

忿

　　忿,就是心绪散乱,由生气而引起情绪糟糕。从字形看,忿字由八、刀、心组成,即谁处于忿的状态,其心之上就是悬着八把刀,就会伤体、伤心、伤神。

2011. 8. 15

抚　恤

　　抚恤，其意为安慰和周济，是国家或组织对因公致伤、致残、致死人员在物质和精神上进行安慰的一种行为。认真品味抚、恤的字形，我们从中可以得到提示，如何把这方面工作做得更好。抚，由手和无组成，手可以理解为行动，无可以理解为无微不至；恤由心和血组成，心指用心，血是人类因生育而自然形成的关系，即血缘关系。因此我们在抚恤工作中要从两方面下功夫：一是要适时的进行抚恤，对抚恤对象要做到无微不至的关怀；二是要用心对待抚恤工作，对抚恤对象要如对待亲人一样，投入足够的精力和感情。

2011.10.26

腐

  腐，其意为朽烂、变质。从腐的字形看，由府和肉组成。府在这里姑且指政府，而府里有付，这就是说，在政府里工作，就要为人民大众服务，一心一意付出自己的精力和才华。再说肉字，古时候，在货币产生前，人们是物物交换，经常用肉作为礼物进行交流。如果将府和肉组合，其意可理解为政府个别工作人员的思想朽烂、变质，以非正常的方式方法获取服务对象的礼物。为此，我们要对政府工作人员加强职业道德、政策法纪教育，以人为本搞好管理和服务，杜绝腐的产生。

2011.9.5

赴

　　赴，其意是到某处去。从赴的字形看，含有卜字。卜的意思是预料、估计、猜测，也就是在某种事情发生前作出预测。因此，我们到某个地方去办事之前，都要对整个事情的安全性、成功性进行预测，做好充分的准备工作，这样就更有利于事情的发展。

2011. 11. 12

尴 尬

　　尴尬是指处于两难境地无法摆脱。从尴、尬的字形看，里面含有监、介。监，其意为督察、牢狱；介，其意为放在心上。如果我们对于每件事情，都能放在心上，不仅认真去做，而且严格督察，就不会出现令人尴尬的情形。如果我们对于任何一件事情，没有放在心上，做事不认真，督察不严格，就有可能出现尴尬的情形，甚至导致牢狱之灾。

2011. 12. 31

赶　超

　　赶超意为追上并且超越。但是，如何赶超，这可以从赶、超的字形里找到明确的方式方法。赶、超由走、干、召组成。走意为跑，要求速度要快；干，意为做，就是脚踏实地的干事；召，意为呼唤、引导，可理解为要想赶超某个目标，要用一种思想，引导、动员每个团体成员积极努力工作。因此，我们要想赶超某个目标，就要有一个正确的指导思想，组织、引导、动员大家团结一致、凝心聚力、争分夺秒、扎实工作。

2011.8.18

哥

唐朝以后，哥就是父兄的意思，说话、办事很有分量。哥字，从字形上看，是由两个可组成，就是两个可以。我们可以这样理解，一方面，哥哥干什么事都可以干成、干好；另一方面，哥哥交待弟弟做什么事情，作为弟弟的都应该努力干、好好干。

在古代社会，只凸显了哥哥的作用，而忽视了姐姐的作用。从近代社会开始，尤其是现代社会，男女都放在了同等重要的位置，哥如姐，姐如哥。这样，就给当哥姐的提出了很高的要求。首先要当好表率，要好好学习，努力工作，既有较高的文化素养，又有较强的组织协调能力。其次要把家庭建设好，上孝敬老人，下照顾弟弟、妹妹，使家庭和睦、温馨、富裕。其三，从广义上说，我们生活在中国社会主义大家庭，都有当哥、姐的机会，对于这种称呼，是尊重、是期望、是责任。我们时时刻刻都要以哥哥、姐姐的责任来提醒自己、要求自己、锻炼自己，对社会发展尽职尽责，尽心尽力。如果大家都尽到了这份责任，我们的家庭就越来越幸福，国家就越来越强大。

2011.4.2

哿

哿，其意为赞许。从其字形看，由可和加组成，且加在可上。可的意思是荷担、肩挑，指的是劳动。加是增加，在劳动中指增加力量，就是加倍努力工作。这就是说，一个人，不论从事什么职业，只要不怕苦、不怕累，加倍努力工作，就会得到人们的赞许。

2011. 11. 13

功

功，其意为成绩、成就、成效。不论做什么工作，大家都想取得更好的成绩、成就、成效。但是，如何能做得更好，这可从功的字形得到一些体会。功由工和力组成。工，其意可理解为工作量；力，其意是用极大的力量，尽力工作。这就告诉我们，不论从事什么工作，不仅要出工，而且还要出力，这样才能取得更大的功绩。

2011. 8. 22

沟　通

　　沟通是人与人之间思想与感情的传递和反馈的过程，目的是统一思想、疏通感情。在沟通一词中，沟指水道，通指顺畅，没有阻塞。沟、通连在一起，就是挖沟使两水相通。人们将这种改造自然的现象用在人的思想和感情上，成为一种融洽人的思想和感情的方式。这里要求我们做到两点：首先，要有超前意识，就像改造自然前先了解地容地貌一样，对人的工作和生活、思想和感情的现状有一个比较全面的了解，增强针对性。其次，要有亲情意识，与人沟通要像与亲人交流一样，客观、理性、有礼、有情，谨防在相互之间形成一个不可逾越的情感鸿沟，以增强沟通的实效性。

2011.11.17

辜　负

辜负是使别人对自己的好意、期望或帮助落空。从辜的字形看，由古和辛组成。古有真挚、纯朴的意思，辛有劳苦、艰难的意思，辛在这里可理解为努力拼搏。负指负责，勇于担当责任。我们仔细分析辜、负，里面蕴含着如何不辜负别人的道理。一是不论做什么事情，都要投入真挚、纯朴的感情，使自己有兴趣，有追求，有理想。二是要有努力拼搏的精神，做事情不怕苦、不怕累，敢于迎难而上，克难攻坚。三是要勇于担当责任。要增强担当的意识，提升担当的能力，结合别人对自己的好意、期望或帮助，忠实履责，尽心尽力地做好每件事情。

2011.12.31

规　矩

　　俗话说：没有规矩不能成方圆。其中规、矩为同一意思，即是法则、标准。从规的字形看，由夫和见组成。夫指成年的男人，见指见解、意见，夫与见联合起来，就是成年男人的见解、意见。再看矩的字形，由矢和巨组成，矢是古代测量直线长短的基本单位，巨指任何事物，矢与巨联合起来，就是测量任何物体的高低长短。这就是说，在旧的社会体制下，传统的男尊女卑思想统治着人们，成年男人的见解、意见就是规范万物的规矩。但是，由于个体人的局限性、偏见性和群体人的不统一性、不严密性，这样形成的规矩容易缺乏科学性和可操作性。由此我们可以看出，不论干什么事情，定规矩时要科学考虑区域性、层次性、严密性、实用性，使所定规矩能起到积极的作用。

2011.11.15

匦

匦是武则天时代专门设置鼓励臣民"言政得失"的意见箱。从匦的字形看，里面含有轨字。轨在这里是比喻事物正常的规则、法度、秩序。朝廷经常把从匦里收集到的建议、意见进行归纳整理，去粗取精，去伪存真，然后对规则、法度、秩序进行完善，使规则、法度、秩序更趋正常化。封建王朝尚且如此，作为新时期的领导干部应该做得更好。要善于深入基层，走进群众，体察民情，了解民意，不断地改进工作方法，改革社会体制，健全法律法规，以促进社会更加和谐稳定。

2011. 12. 31

诡　辩

　　所谓诡辩就是有意地把真理说成是错误，把错误说成是真理的狡辩。其实就是颠倒是非，混淆黑白。从诡、辩的字形看，含有危、辛。危指危险，辛指辛苦。这些颠倒是非，混淆黑白的诡辩是辛苦的，诡辩者需要找很多歪理，说很多诡话进行论证，同时也是十分危险的，于公于私没有益处，只有害处，只会贻误我们的事业。所以，不管语言多么丰富和华丽的诡辩，都掩盖不住事实和真理，最终要遭人唾弃。

2011. 11. 15

好

好，其意为美满、和谐。从其字形上看，由一个女和子组成。这就是说不论在任何环境中，有女性和孩子，才能称得上好。在生活中，不仅有男人，还要有女人和孩子，才为美满；在工作中，有男有女，有老年人、中年人、青年人，相互理解、相互关心、相互支持、相互帮助才为和谐。

2011.6.22

劾

　　劾，其意为揭发别人的罪状。从其字形看，由亥和力组成。亥指亥时，旧时计时方法，相当于二十一点到二十三点。力指尽力、效能。亥与力联系起来就是在夜深人静时尽力做某项工作，以提高工作效率。倘若我们能调动起来所有群体人员的积极性，加班加点地尽力工作，就会减少人们犯错、犯罪以及弹劾别人的机会，而人们恰恰又能把精力用在工作上，这样就会使我们工作干得更好。

2011. 11. 16

和 谐

　　和字由禾和口组成，就是人人有地种，有饭吃，大家和睦相处。谐字由言和皆组成，意思是人人平等，都可以依据法律法规，以不同方式、不同渠道向国家、向集体组织倾诉自己的心声。而皆字又由比和白组成，比就是比赛，白可理解为零。这样，皆的意思就是警醒和督促大家每天都从同一起跑线开始，进行着人生竞赛。所以，和谐就是人人有机会吃饭，人人有地方说话，大家你追我赶，努力拼搏，在和睦、协调的环境中，共同建设我们美好的家园。

2011. 6. 19

贺

　　当亲戚朋友有喜事时，我们一般都要前去祝贺，以示共同高兴。从贺的字形看，由加和贝组成。加是增加。贝在古代是作为货币用的，现在指礼物。贺就是带着钱、物上门道喜，以增添别人的喜乐，即奉送礼物表示庆祝。其实，随着社会的发展，我们的理念也要更新，对于乔迁新居、开业庆典等，送些钱、物不如送些好信息、好技术，这样更有利于家庭、事业的健康发展。

2011. 9. 26

赫

在赫的释义当中，有显耀、盛大的意思，与其相联系的词语有赫赫有名、政绩显赫等。从其字形看，主体是赤字。赤，其意为忠诚。如果我们对组织、对事业无限忠诚，事业发展的成就就会显耀、盛大。所以，我们要以忠诚的态度对待组织、对待事业，把事业干得更加显赫。

2011. 11. 16

讧

讧，其意为由于争吵而致溃败。从其字形看，由言和工组成。言指讨论、发表意见。工指土木工程。言与工联系在一起，是指就土木工程出现的问题进行激烈争吵。但是，工还有功夫、精细、善于的意思。如果我们在做事时，既精明强干，又肯下功夫，并且善于与人沟通、交流，就不会出现因这样那样的问题而争吵的现象，战斗力会越来越强，事业不仅不会溃败，而且会越来越兴旺发达。

2011.11.16

坏

　　坏字由不和土组成。连土都不如的人或物，就是坏东西。在现实生活中，坏东西是指人民的敌人、人类的败类以及由生存发展需要和生活生产过程中产生的垃圾、污染的水、废气等。

2011.6.22

慌

慌,其意是恐惧、害怕。从慌的字形看,由心和荒组成。荒是长满野草的沼泽地。这里可有两种理解:第一种是心里好像长满野草的沼泽地;第二种是人在野草丛生的沼泽地里的感觉,不安定,无着落。其实,第一种现象比第二种现象更恐惧、害怕。要想不慌,得把心灵建设成一座美丽的花园,百草吐绿,百花争艳,焕发出勃勃生机。

2011. 9. 19

会　议

　　所谓会议，是指人们怀着各自相同或不同的目的，围绕一个共同的主题，进行信息交流或聚会、商讨的活动。先看会字，由人和云组成。在云的释义当中，有众多、说话的意思。人与云连在一起就是众多的人聚在一起说话。再看议字，由言和义组成。言指发言，义指公正合宜的道德、道理。言与义连起来就是发言时要讲道德、讲道理。人这一生当中，难免要参加这样那样的会议。从会、议的释义，我们可以认识到，参加会议要讲道德，按时到会，认真听会，不发牢骚，不说怪话；会上发言要讲道理，不胡拉乱扯，不胡编乱造，要有根有据，合情合理。只有这样，才能保证会议有一个好的效果。

2011. 11. 13

诲

诲人不倦指教导别人而不知疲倦。其中诲的意思是教导。从诲的字形看，由言和每组成。言是说教，指家长对孩子、老师对学生、领导对工作人员的教导。每指每天。言与每连在一起，一方面就是不论家长、老师，还是领导，每天都要坚持对孩子、学生和工作人员进行教导；另一方面作为家长、老师和领导，也要坚持每天学习，以适应教导别人的需要。只有这样，诲人工作才更具有经常性和针对性。

2011. 11. 24

婚

　　婚，其意是男女结为夫妇，这是人类文明繁衍的基础。在古代婚字为昏，多是夜里娶亲的，即女子出嫁要在黄昏时，明月照路，犹如走着光明幸福之路，意为呈现吉祥。从婚的字形看，由女和昏组成。由昏到婚的演变过程中，加上了女字，这表明人们重视女性，体现了女性在婚姻生活中的重要性。关于昏字，本义是暮色、暮光，正是古代婚嫁的时候。但是昏字的引申义是暗而无光或惑乱。不论哪种意思，对于婚姻生活都是致命的。首先，婚姻生活的前景要一片光明，不能暗而无光。我们每个人都要对自己的婚姻负责，用真爱经营家庭，夫妻之间要关心、交心、理解和尊重，共同使婚姻生活充满情趣、爱意、生机和活力。其次，婚姻的堡垒要坚固，不能惑乱。爱情是婚姻的润滑剂，婚姻是社会的稳定器。每对夫妻都要相互忠诚，相互信任，感情专一，同甘共苦，相濡以沫，白头偕老。只有这样，我们的家庭才会充满欢声笑语，社会才会和谐稳定。

2011. 9. 29

惑

在惑的释义当中有疑惑、迷惑的意思，就是心里存在不明白、不相信的困惑，辨不清是非，摸不着头脑。可是惑还有一个意思是蛊惑欺骗。这就是说，处于疑惑、迷惑状态的人最容易受到蛊惑欺骗。所以，我们每个人都要始终保持清醒的头脑，不论干什么事情，要有清晰的思路，坚定的信心，敏锐的眼光，这样才能做到不疑、不迷、不惑。

2011. 11. 15

讥 讽

讥讽是用轻蔑、尖利的话语挖苦、指责别人的错误、缺点。从讥、讽的字形看，含有几和风。先说几字。几，有一种意思是危险。如果一个人对自己的错误、缺点认识不到或认识不够，那是很危险的，这种错误、缺点将会逐渐扩大，以致于影响我们的事业和前程。再说风字。对于别人用挖苦、指责的方式给我们指出错误、缺点，我们首先要端正态度，正确认识这种错误、缺点，及时进行整改，至于指出错误、缺点的方式，不要计较，只当刮了一场风。所以，我们对于别人的讥讽，要重内容，轻形式。

2011. 11. 12

跻　身

在表述自己突然获得成绩，其地位已上升到某种行列、位置时，就用跻身某种行列、位置来形容。这里跻字是关键，其意为上升，从跻的字形看，由足和齐组成。足有足够之意，齐指达到同样的高度。足、齐联在一起，明确告诉我们只有在以下三个方面努力，才能实现跻身某种行列、位置的愿望。首先要有足够的素质。要加强学习和锻炼，使自己的才干和道德力量适应做事的需要。其次要投入足够的精力。无论做什么事情，精力要集中，不怕苦、不怕累，做到全身心的投入。三是要有一个科学的目标。要根据自身的特点，制定一个具有稳定性、可行性、激励性的目标，使自己有一个清晰的奋斗方向。

2012.1.3

健

健,其意为强有力。从健的字形看,由人和建组成。建,即建立,也就是开始形成。对于每个人来说,都要形成锻炼和保健的习惯。这就告诉我们,一定要加强锻炼和保健,增强体质,使自己身强力壮,保证有精力、有能力为社会做出更多有益的事情。

2011.9.16

诘 问

　　诘问，其意是追问、责问。追问是对某个人就某件事情追根究底地查问，责问是就某件事情用责备的口气质问某个人，主要是探究事情发生发展的经过以及形成现状的原因。但不论是追问，还是责问，都存在有急、紧、逼的因素。可细品诘字，从中得到一些启发。诘字在结构上由言和吉组成。言，即说话，就是与人沟通、交流。吉就是好的意思。言和吉结合在一起，就是通过与人沟通、交流，把事情办的顺利，如意。在具体过程中，得注意三点：一是把握好方向，把事情办得既有利于整体，有利于个人，又符合法律法规和各级政府的政策；二是协调好关系，通过与诘问对象沟通、交流，使其与诘问者融为一体，共同参与谋划事情的走向；三是解决好问题，要对症下药，采取切实可行的措施，把事情办得更好，以达到诘问的目的。

2011. 10. 14

洁

洁，其意为干净、单纯、清白。与清、整、纯、简、廉组成词，就成为清洁、整洁、纯洁、简洁、廉洁，这不仅涵盖有物质方面的，而且涵盖有精神方面的。从洁的字形来看，由水和吉组成。水是包括人类在内所有生命生存的重要资源，也是生物体最重要的组成部分，是人类一切行为的基础；吉，其意为吉利、有利、幸福。所以，我们只要能做到清洁、整洁、纯洁、简洁、廉洁，就对自己有利，幸福指数就会提高。

2011.9.23

警

  我们在日常工作和生活中，为了干好某件事情，会对某些人进行警告，提醒其警惕。对有错误或不正当行为的人、团体进行警告，提出告诫。从警的字形看，由敬、言两字组成。敬，其意为尊重，有礼貌地对待；言即言语，这就是说，不论对谁进行警告，不要吆五喝六，恶语相加，要尊重对方，礼貌地对其进行警告。这样，会收到事半功倍的效果，更加有利于和谐社会的建立。

2011.9.16

静

  一切处于停止的谧然、安祥、闲雅状态为静。但从静的字形看,虽静犹动。静由青和争组成。青,其意是茁壮地成长;争,就是竞争,通过努力,力求实现某种意愿。这反映了即使在静态下,也涌动着使某项事物蓬勃发展的力量。为此,我们要养成在静中观察,静中思考,静中发展的习惯,做到事闲人不闲,身闲心不闲,为实现自己的意愿创造条件,努力奋斗。

2011.9.5

勘

勘，其意为核对、探测。从勘的字形看，由甚和力组成。甚有好之意，力指尽力。这就是说，只有在好的态度，好的素质，好的环境基础之上，用力去做，才能正确、有效地核对、探测。

2012.1.3

垮

垮，其意是倒塌、溃败。从其字形看，由土和夸组成。土指土堆或用土打的基础，夸的意思是虚空、奢侈。土和夸连在一起，不仅体现了基础的重要性，而且也体现了作风的重要性。我们无论干什么事情，如果打的是一个虚空的基础或者成天奢侈浪费，过分追求享受，用不了多长时间就会垮掉。所以，垮字提醒我们，无论干什么事情，都要夯实一个好的基础，养成勤俭节约的作风，只有这样，我们的事业才不会垮掉，会干得越来越好。

2011. 10. 17

跨　越

　　人们在制定某种目标时，经常会用跨越一词，就是要通过努力越过某个界线。但如何努力，是值得我们认真思考的。单从跨字看，由足和夸组成。足其意是脚、腿、足够、满足。夸，其意是自大、奢侈、炫耀、虚、大。这就告诉我们，不论是团体和个人，只要立足实际，谦虚谨慎，艰苦奋斗，脚踏实地地干，就一定能实现我们的愿望。但是，如果自高自大，夸夸其谈，骄奢淫逸，作风浮漂，不仅不能实现既定目标，而且会形成大亏，给团体或个人造成较大的损失。

2011. 8. 12

诓

诓，其意为欺骗。从诓的字形看，由言与匡组成。言，即说；匡有纠正、帮助之意。这就可以理解为，当一个人有欺骗之举时，我们要及时对其说服教育，帮助其认识错误，纠正其错误行为，提高其综合素质，促使其做一个对社会有益的人。

2012. 1. 3

魁

魁，其意为首领、带头人。从其字形看，由斗和鬼组成。斗的意思是对打、争胜、较量。鬼的意思是指一些人怀有不可告人的打算、勾当或有不良嗜好、行为。按迷信的说法是指人死后的灵魂，往往会使人产生恐惧感。其实，传说中的灵魂所表现出的各种状态，都是自然现象。斗与鬼联合在一起，就是斗鬼，即与鬼作斗争。为此，作为一个整体的首领、带头人要有敢于面对斗争的胆略和气魄，坚决与各种不良的自然现象和社会现象作斗争，为社会的健康、快速、和谐发展作出积极的贡献。

2011. 10. 8

悃

悃，其意为诚挚。从其字形看，由心和困组成。心指心里感觉，困指艰难、危难以及其他无法摆脱的环境。心与困联系起来，就是心里感觉处在艰难、危难以及其他无法摆脱的环境，且非常的困惑和无助。这时，不论是一个人或一个整体，谁处在这样的困境，最需要的就是大家诚挚的理解、支持和帮助。所以，对于每一个人来说，与人相处，都要抱着一个诚挚的态度，这样，当我们遇到困境时，大家就会伸出援助之手，帮助我们渡过难关。

2011. 11. 3

阔

  阔，其意是宽广，常用于形容某种事物或人的距离、长度，但从阔的字形看，此意之外，还蕴含着一种更深层次的含义。阔，由门和活组成，且是活在门中。在这里，门可这样理解，从小处说，象征一个家庭，从大处说可象征一个国家；活是生机与活力，门与活的组合昭示我们，对于一个整体，每个成员都要增强事业心，以建设和谐环境为己任，通过共同参与，共同努力，共同奋斗，使大家所处的环境在各个层面，或各个行业，或各个区域，或各个角落都充满生机与活力，只有如此，我们才能不断创造更加美好的未来。

2011. 9. 16

捞

在日常工作和生活中,一些人总想利用各种便利条件在物质或精神利益方面捞一把。捞一把是指用不正当手段取得一些利益。这往往是违犯法律或道德的。在捞一把这个词中,关键字是捞。捞,其意里就具有不正当的成分。而捞字里面又含有劳字。劳在这里可理解为两种意思,一种是人类创造物质或精神财富的活动;另一种是辛苦、辛勤。这两种意思提醒我们,要通过辛苦、辛勤的劳动取得物质或精神财富,不要不劳而获。所以,我们每一个人在物质或精神利益面前,都要保持清醒的头脑,不要光想着趁机捞一把,始终要考虑自己将要获得的利益是否合情、合理、合法,只有通过正当的方法和途径获得的利益,我们心里才会踏实。

2012. 1. 9

莅

莅，其意为走到近处察看，或治理、统治、管理。从其字形来看，由草和位组成，且位在草下。草常生于乡村田野，代表基层民众。位是一个人站立时的专属空间。古代指大臣上朝时所占据的独立空间，代表管理阶层。在这里可以这样理解，管理阶层尊重基层民众，注重深入民间调查研究，为更好地治理、统治、管理创造条件。作为现代管理者也应该做到这一点儿。

2011.9.23

粮　食

　　粮食是人类赖以生存的物质基础。其生产储备的好坏直接关系到人们的生命健康。从粮、食的字形看,都包含有良字,即为好的意思。一方面是我们所生产的粮食数量要好,要够我们生存、生活需要,确保任何人在任何时候既买得到又能买得起;另一方面是我们所生产的粮食质量要好,要讲究绿色健康,生产时是绿色,保存时是本色。这就是粮食安全问题。所以,粮、食这两个字,就一直在警示着我们,要切实保证粮食安全。

2011.8.11

劣

劣，其意为差。从其字形看，由少和力组成。少指数量少，力指力量，少与力连在一起，可理解为出力少。既然出力少，成绩自然就会比别人的差。

2011. 6. 16

忙

随着社会的发展，人们不论做什么事情，普遍感觉时间紧、节奏快、头绪多、压力大，每天都在繁忙之中度过。忙，其意为事情多，没空闲或者是急迫、急速地做。这似乎成了现代人的生存状态。从忙的字形看，由心和亡组成。心，指神志；亡，意是丧失。心亡就是神志不清醒，甚至丧失。即因事多分心而无暇顾及条理，心智功能紊乱，直接影响其洞察力、分辨力、判断力，这就会失去对整个事情发展方向的准确把握。不管是谁，如果忙到这种程度，轻者浪费点精力和时光，重者是事与愿违和事倍功半。所以，我们做什么事情都要审慎对待，准确把握，把心态摆正，不偏不倚，忙而不乱，忙而不急，忙而不避，做到事繁而条理清晰，事忙而心智聪颖。只有这样，我们才能把事情做对、做好、做优。

2011. 10. 6

魅

　　魅有鬼怪、吸引之意。魅与鬼组合起来是鬼魅,其意是鬼怪,比喻恶人与小人。如果一个人在背离人民、背离道德、背离法律的基础上做事,那么这个人就是鬼魅。魅与力组合起来就是魅力,其意是极能吸引人的力量。如果一个人时刻想着人民,讲究道德、遵纪守法,常做有益于社会,有益于人民的事情,这个人就会有无穷的魅力。所以,我们不要做鬼魅之人,要做一个有责任心和正义感的魅力之人。

2012. 1. 9

闷

闷，其意为心烦，不舒畅。从闷的字形看，由心和门组成，且心在门中。门在这里代表一种思想环境。一个人长期封闭在一种思想环境中，便会产生消极情绪。如果我们要消除这些现象，就必须从这种思想环境走出去。首先经营好自己的家庭。对家庭要有责任心，要勇于担当，善待每个家庭成员，使家庭有机地融为一个整体，真正把家庭建设成为温馨的港湾。其次适应所处的大环境。要学会协调配合、沟通交流、吃苦耐劳、和睦相处、恪尽职守，使自己真正融入到所处的大环境中，适应社会，服务社会。这样，不论是谁就会变得心情舒畅、精神愉快。

2011. 9. 19

懑

懑，其意为烦闷。从懑的字形看，由心和满组成。如果心中装满俗事、烦恼，便会自然烦闷不已。但是，满还有一种意思是满意。如果我们在生活和工作中，尽量把方方面面的事情干好，让组织满意、群众满意、亲朋满意，那么我们的心情就不会烦闷，就会轻松、愉悦。

2011. 11. 1

梦

　　梦是人睡眠时产生想象的音像、声音、思考或感觉。从梦的字形看，由林和夕连在一起，就是夕阳照在林中的感觉，有时是美好的，朦胧、斑斓、炫丽，有时是痛苦的，短暂、孤独、悲凉，这也是当初人们对梦的形象比拟。随着科学的发展，人们对梦有了正确的认识，理解了自然现象与生理反映的关系。但是，仍有人从睡眠中醒来时，走不出梦境，迷幻于此，不能面对现实。其实，我们可以摒弃睡梦中不愉快的现象，从睡梦中走出去，勇敢地面对现实，客观地规划自己的未来，把希望看做梦，把梦看做希望。这样，有梦就有追求，有梦就有动力，有梦就有希望。

2011.11.1

宓

宓，其意为安静。从其字形看，由家和必组成。家指家庭环境，必指必须，一定要有的。家、必连在一起，可理解为家庭环境必须有的就是安静。毕竟家庭不是市场，不是游园，不是办公室，需要一个家庭成员能沟通交流、温暖体贴、关心照顾的环境，只有这样，才有利于家庭的和睦温馨。

2011. 11. 1

泯

泯，其意是消灭、丧失。从其字形看，由水和民组成。水是人类及一切生物赖以生存的必不可少的重要物质，是工农业生产、经济发展和环境改善不可替代的极为宝贵的自然资源。我国是世界上河流众多的国家之一，在古代，纵横交错，遍布各地的大小河流，其频繁的水患给人们带来了深重的灾难，人们对水的灾害是没有能力遏制的。所以，水和民组成的泯字，就是消灭、丧失。其实，进入现代社会，随着科学的发展，水害基本能够遏制，已由水害变成水利。但是，科学发展的同时，带来水资源量的减少，质的污染。水资源的质、量问题已摆在了人们面前，保护水资源是当务之急。因此，我们要时刻记住泯字，既明确了水对于人类的重要性，又告诉我们要遏制水害，发展水利。

2011. 11. 6

目　标

　　目标，就是看得见的标志。不论是在工作或生活中，一个人、一个单位、一个企业、一个区域，都要制定短期和长期的目标，作为个人和团体的奋斗方向。但是，制定的目标要客观、科学、清晰，符合生活工作的实际，不能不切实际、不着边际、随心所欲，以致于贴人、贴时、贴钱、贴物也取得不了好的效果。因此，我们制定的目标要看得见，通过努力能够实现，具有激励性、鼓动性、可行性。

2011. 6. 22

能　　耐

　　能耐一词在表扬或讽刺他人的表述中比较常用，不论是用作褒，还是用作贬，都是指有本事、有技能、有本领。单从每个字来看，能，其意是才干、本事；耐，其意是忍，受得住。能耐，深含着对一个人处理事情，尤其是处理复杂事情的综合要求。一方面，要有能力，就是具有处理复杂事情的才干、本事。另一方面，要有耐心。在处理一些疑难问题时，有的时间跨度长，涉及面宽，需要静下心来，耐心细致地了解事情的前因后果；有的对立双方立场不一样，要求往往高于客观，需要有耐心做说服工作；有的当事人偏激、难缠，以至于说话难听，难以沟通。这都需要处理人员有足够的耐心，受得住冷漠、冷脸或埋怨。

　　所以，能耐是个人综合素能的集中体现。每个人都要不断地提高自己，完善自己，做一个真正有能耐的人。

2011.6.23

牛 气

我们在工作和生活中，经常会听到有人说某人很牛气。牛气在这里是形容自高自大的骄傲神气。牛气，关键是牛，人们用牛比喻固执和骄傲，这说明人们比较看重牛。牛是一种普通的反刍类动物，身体粗大，头上有角。其力气大，能役使，乳、皮、毛、骨都有用处，并且牛干活有一股韧性。所以，鉴于牛的这些特点，人们就从众多普通动物中，选择了牛作为骄傲神气的象征。尤其是近期，又有人用牛来形容某个人或某件事很厉害，甚至超乎想象。比如说"某某人或某某事最牛"。其实，这里的牛字，就是牛气的简称。这就是说，现在牛的意思已拓展到固执、骄傲、厉害。实际上，一般人都想牛气。但是，要想使自己或自己所做的事情牛气，就得具有牛的优点。一是要力气大，这是牛的第一个特点。对于人来说就是要经常学习，不断提高自己的综合素质，以适应干事业的需要。二是要埋头苦干，任劳任怨。这就是人们常说的"老黄牛精神"，要把这种精神发扬好。三是要有韧性。当我们经过科学选择确定奋斗方向后，要百折不挠，坚韧不拔，把我们的事业干好。只有这样，我们才有资格牛气。

2011. 11. 30

努

努,其意是尽量地使出力量。看其字形,由奴和力组成。奴指奴隶,力指出力。奴、力连在一起,就是像奴隶一样出力。其实,在奴隶社会,奴隶没有社会地位,没有人身自由,只能任奴隶主奴役。可是,现在我们是国家的主人,建设自己的国家有义不容辞的责任。所以,在工作中,不论是从事脑力劳动,还是从事体力劳动,都要各尽所能,各展其长,努力把我们的国家建设得更好。

2011. 10. 30

懦　夫

　　懦夫，其意为软弱无能的人。作为正常人谁都不愿意做懦夫，都想成为强者。这也从懦、夫的字形可看出端倪。懦，由心和需组成。心是指内心世界。需是指柔软，以这个意思把心和需连在一起，就是懦的本意。可需还有需要之意，是应该有或必须有的意思，是指人们缺少而又想得到某种客体的欲望、意愿。夫，其意为男人、丈夫。若将懦、夫合在一起，就是从内心深处都想成为大丈夫、男子汉，做家庭的支柱、社会的栋梁。可是，如何才能成为强者，这得从一点一滴做起。首先要有广博的知识。知识的力量是无穷的。要学习方方面面的知识，用知识充实自己，提高自己，以适应社会的需要。其次要有远大的抱负。要时时处处做一个有志气、有节操、有作为的人。按古人说的，要居天下之广居，立天下之正位，行天下之大道，为国家、为人民着想，多做利国、利民的事情。其三要有强健的体魄。人的身体很重要，没有一个好身体，就没有充沛的精力做事情。所以，每个人都要注意锻炼身体，要有一个强健的体魄。只有这样，才有精力、有能力做更多有益的事情。

2011.10.6

讴

讴，常与歌组成讴歌使用，其意是歌唱。从讴的字形看，由言和区组成。言指言语；区在古代同瓯，是一种能装东西的小盆。言与区连起来表示，喂饱了肚子后说的话，表示满意的言语，也就是歌唱天地和帝王。可是因瓯里内装物品不同，又引申为区域、区别。既然区还有区别的意思，在我们的工作和生活中，具体讴歌谁要区别对待。我们要讴歌时代，讴歌祖国，讴歌人民，讴歌社会上的真、善、美，为建设社会主义和谐社会创造条件。

2012. 1. 10

怄

怄，常与气组成怄气使用，其意为生闷气，心怀不满。从怄的字形看，由心和区组成，心指心情，区在古代同瓯，是一种能装东西的小盆，因盆小引申为区区，其意为微小。在怄气一词中，区可理解为区区。不管造成怄气的原因是什么，我们都要看作是区区小事，尽快调整自己，使自己从怄气的情绪中走出来，以积极、向上的全新姿态投入到工作和生活中。

2012．1．10

丕

丕，其意为大。从丕的字形看，由不和一组成。在这里可以这样理解，不就是不仅，一就是第一。第一只是横向比较的次序，而没有充分体现出纵向比较的效果。所以，不与一连在一起，就是不仅要当第一，而且要取得更大的发展。

2012. 1. 11

批　评

　　批评就是指出所认为的缺点和错误，并提出改正的意见。其中，批字由手和比组成，意思是亲自动手把这一事与另一事、这一物与另一物、这一人与另一人相比较，找出其缺点和错误及产生的原因；评字由言和平组成，可理解为对这一事、这一物、这一人提出公平、公正的意见，以便加以改正和完善，使其所做的事情锦上添花。但是这里面所蕴含的珍贵的品德需要我们汲取，那就是：认真、公平、真诚。

2011.6.19

毗

　　毗，常与邻组成毗邻使用，其意是边界接壤的意思，多指陆地相接。从毗的字形看，含有比字。比指比赛，就是比高低、比多少、比快慢、比好坏等。因此，毗邻的对象之间要在经济的发展和对社会的贡献上进行比赛，看谁经济发展的快，看谁对社会贡献的多，要在发展中竞争，在竞争中发展。而且，俗话说："远亲不如近邻。"毗邻的对象之间要和睦相处，相互关心，相互支持，相互帮助，共同在良性竞争中取得更大的发展。

2012. 1. 11

疲惫

　　疲惫，意即非常疲乏。先看疲字，其意为身体劳累的感觉，从字形看呈现病态。在这里可以这样理解，虽仅形有病态，也要体按病养。再看惫字，其意为极度疲乏，在结构上由备和心组成。备是准备，就是在事先安排好。也就是说，我们疲惫在休息时，一方面要充分休息，增强体力；另一方面要思考之前工作和生活中需要完善什么，发扬什么，之后工作和生活的计划、方法、措施，为更好地工作和生活创造条件。

2011.6.18

歧

歧，其意为走叉道、走岔路，常与路组成词组歧路。歧路就是从大路上分出来的小路，比喻错误的道路。从歧的字形看，由止和支组成。古人在造字时，止是指脚，意思是走，支的意思是分叉，止与支联合起来就是歧字的本义。可是，随着文字的发展，止字主要表示停住不动。所以，我们从这里可以领悟到，不管在什么地方，干什么事情，都不要走入歧路。一旦由于种种原因走入歧路，也要立即止步，及时调整自己，科学选择方向，使自己走上正确的道路，力争为社会、为人民作出更大的贡献。

2012. 1. 11

洽　谈

洽谈，即接洽商谈，一般是指在商业活动中对商业、商品贸易、买卖的交谈行为。从洽、谈的字形看，洽由水和合组成，水是指随势性，合是指一事物与另一事物相应或相附；谈由言和炎组成，言指说话、交流，炎指热情。这就是说，在与对方洽谈中，要做到三点：一是要热情，营造一种温馨和谐的气氛；二是要见机行事，随势而为，刚柔相济；三是要力求使大家意见趋于一致，附合大家的共同利益。只有这样，才会顺利达到洽谈的目的。

2011. 10. 22

谦　让

　　谦让就是谦虚地礼让或退让。对人的谦让是中华民族的一种传统美德，是建立和谐社会的重要因素。从谦、让的字形看，含有兼和上。先说兼字，兼有兼顾之意，就是在谦让时要兼顾到事情的各个方面。但是有两点需要注意：其一要体现智慧与修养。我们要怀着一颗谦让之心对待朋友，对待家人，对待社会，让出自己的滴水之便，就会得到大家的涌泉之爱，使自己的路越走越宽，让每个人都能感受到社会大家庭的温暖，这是一种智慧，一种修养。其二要体现公平与正义。谦让也要讲究原则和限度，不能不讲原则一味地谦让。对有利于社会，有利于人民的事情，我们在谦让时，要注重激励大家，鼓励大家，充分调动大家的积极性，体现公平竞争。对于危害社会，危害人民的行为坚决不能谦让，而且要严厉制止、打击，要体现执法执纪的严肃、正义。再说上字，上有品质高尚之意。谦让这种行为既增加了人与人之间的友谊，又能体现我们高尚的品质。所以，我们要学会科学、理智地谦让，以促进社会和谐发展。

2012. 1. 16

禽

禽是鸟类的统称,常与兽连用。从禽的字形看,由人和离组成。人一旦背离其勤劳、善良的本性,变得卑鄙无耻、没有人性,就要被人们冠以禽兽之称。

2012. 1. 16

赇

赇，其意为贿赂。贿赂是指用给予报酬来收买某人而有所请托。从赇的字形看，由贝和求组成。贝指报酬，就是金钱、财产、方便或利益，求指设法得到。贝、求连在一起就是设法得到金钱、财产、方便、利益方面的报酬，这本无可厚非，但是其方式方法值得斟酌。对于这些方面的报酬，必须取之有道，符合法律法规的要求。如果采取贿赂的方式方法求得，就是违犯法规。所以，我们存在这种机会的人要自重、自省、自警、自励。

2011.10.30

裙

　　裙是围在下体的衣服。从字形来看，由衣和君组成。衣指衣服，君指品行好的人。这可从两方面来理解，就是品行好的人穿的衣服，或品行好的人欣赏的衣服。其实，从原始社会开始，人们为了遮羞而用树叶、树皮围住下体，这也是裙子的雏形。可是随着社会的发展，在大部分地区，裙子成为了女性的专用衣服，种类越来越多，款色越来越漂亮。但有少数人的世界观、价值观发生了变化，裙子是越来越短越露，俨然没有了害羞的感觉，更别从品行上进行要求了。所以，我们要从裙字得到启示，尊重历史，尊重传统，尊重他人，尊重自己。

2012. 1. 16

奢 侈

奢侈就是挥霍浪费钱财，过分追求享受。其中，奢就是城市的大户人家，指过分的使用钱财；侈就是由自己使用的人多，凭着这些自高自大，盛气凌人，放纵自己。从奢、侈的字形看，奢由大和者组成，大者可理解为大气之人，心胸宽广，具有无畏的精神品质；侈由人和多组成，在这里可理解为人要多学些知识，多掌握些本领。如果这样理解，奢侈两个字就是清醒剂，时刻使我们清醒地认识到，不能挥霍浪费，过分享受，要做大气之人，博学多才，为社会多作贡献。

2011.10.28

晟

　　晟，其意是光明、兴盛。从其字形看，由日和成组成。日指每天；成指成功，就是做好某件事情。倘若自己每天都能把应该做的事情做好，我们就会有光明的前景，事业兴盛，笑容灿烂。

2011. 10. 28

实

我们在形容谁家经济条件比较好时，说是家庭殷实。在这里实就是富足。细品实字，可以体会出家庭富足的关键。从实的字形看，由家和头组成。头，其意是首领。所以，第一个关键是家庭中得有首领，要有当家人、主心骨。对于家庭建设、发展，有主见、有门路、有办法，能使家庭成员和睦相处，同甘共苦，勤劳致富；第二个关键是当家人要实干，能勤奋敬业，吃苦耐劳，处处起到表率作用，用自己的勤劳和智慧影响每位家庭成员，使大家始终保持昂扬向上的精神状态。

2011.9.29

势

势,其意为力量和威力,从势的字形可以看出如何增强力量和威力。势字由执和力组成,体现的就是执行力。执行力,对个人来说就是办事能力,对集体来说就是战斗力。不论干什么事情,只有不断加强执行力建设,其势头才会越来越好。

2011.8.29

舒　服

　　舒服，其意为身心安恬称意。从舒的字形看，由舍和予组成，舍与予连在一起，可理解为舍弃自己。服可理解为服务。这样，舒服两个字就可以理解为把自己的利益放在一边，而积极的、主动的为国家、为集体、为他人服务，即舍己为人。这里显示出来舒服是建立在舍己为人基础上的。

　　舍己为人是无私的崇高境界。我们活着就要做事，而有的人把关心和帮助他人作为人生最大的追求。在平凡的工作中，恪尽职守，兢兢业业，艰苦奋斗，积极奉献；在日常的生活中，从不计较个人得失，心里始终装着他人，装着集体，装着国家。就如陶铸所说：心底无私天地宽。其收获就是一种因奉献而产生的舒服感。

　　舍己为人是高尚的思想品德。有的人为了国家、集体、他人的利益，甘愿牺牲个人的一切，这种精神体现的是勤奋、敬业、无私、奉献。不论在工作或生活中，总是把方便让给他人，把困难留给自己，见利益让，见困难上，时时刻刻心里想着他人，帮着他人，对社会有着极其强烈的责任感。这些人做的事情虽然平凡，但彰显的是伟大。我们平时总感觉其是怡然自得。其实，身体的舒服是慵懒，心里的舒服才是真正的舒服。

2011.6.14

太

  大象人形，是一个人挑一根扁担，显示出一种勇气和责任，敢于担当，很大气。太是极大，从字形上与大字比多一点，而这一点却放在了大的下面。这是谦虚，是美德。如果不谦虚，将这一点放在大的上面，即为犬，犬就是犬子，这是对孩子的称呼，说明不成熟。因此，我们每个人都要谦虚，要更深刻理解毛泽东同志的谆谆教诲：虚心使人进步，骄傲使人落后。

2011.6.22

恸

恸是指人的心情极其悲痛。从恸的字形看,由心和动组成。心指心情;动的意思是使人的心理、情感发生某种变化。心、动连在一起,就是要能适时调整自己的心情,化悲痛为力量,努力把自己的事业干得更好。

2011.10.28

偷

偷，其意为盗窃，是指趁人不知时拿别人的东西。从偷的字形看，由人和俞组成。俞，其意是捷径、直接。人和俞联合在一起，就是走捷径的人。走捷径无可厚非，不管做什么事情，凭着自己的聪明才智，通过科学的方式，使整个过程省时、省力、省钱，且事半功倍，这是社会提倡的。只是不能为了个人或小团体的利益，做伤害国家、集体、他人的事情。

2011. 10. 9

团 结

团结，其意是和睦、友好的相处，联合起来完成共同的目标。对于一个团体来说，团结就是力量，只要团结，没有克服不了的困难。从团、结的字形来看，也说明这个意思。团由口和才组成，才指人才，且才在口内，结由丝和吉组成，丝表示心连在一起，吉是吉利。如果大家在一个团体中，相互支持，相互帮助，团结一致，积极努力做事，就显得大家都有能力、有涵养，个个都是人才。而且，大家心相连，情相通，相互关心，相互爱护，不断地做出新的成绩。这样，对大家来说，每天都吉利，心情舒畅，精神愉快。

2011.8.29

拓

　　拓，其意是开辟、扩充，常与开组成开拓使用。从拓的字形看，由手和石组成。手指动手，石指石头。这就是说，手与石连在一起，可理解为我们要想开拓进取，必须先搬走自己的绊脚石。

2011.6.16

玩

　　玩指的是通过获得非直接利益来娱乐自身。从其字形看，由玉和元组成。玉字的本意是王者腰部佩挂的美石。元字的意思是为首的。玉与元联合起来就能体现出玩者的身份。在古代，能玩的人是指在一个群体中为首的，只有他们才有资格玩。玩的资格是什么，就是国泰民安。

　　现在不同了，我们都是国家的主人，国家繁荣昌盛，人民安居乐业，大家都有玩的资格，这就看什么时候玩，以什么方式玩，值得我们大家反思。一方面，只有我们每个人把自己的本职工作干好，社会建设得更好，我们才有玩的基础，光玩不干或不好好干，就会失去玩的基础，也就逐渐失去玩的资格。另一方面，玩也是消除疲劳，锻炼身体的一种方式，但要选择健康向上的方式，玩得适度，能促进身心健康，有利于更好的生活和工作。要把干和玩结合好，做到相得益彰。为此，只有努力工作，积极奉献，把国家建设的更加富裕、文明、繁荣、强盛，我们在玩的时候才会心情愉悦，问心无愧。

2011.3.23

忘

忘，其意为不记得。从其字形看，由亡和心组成，心指心志，亡指丧失。亡与心联合起来，就是丧失心志，如同心死。一个人，若心死，就如同行尸走肉一般。所以，对于每个人来说，心要活、要宽、要大、要强。当遇到什么高兴事时，不要忘乎所以，要正确、客观地对待每件事情，认真分析其来龙去脉，一分为二看待问题，既要看到事情好的一方面，又要看到其另一面。好的一面要发扬光大，弱的一面要充实、完善，使其锦上添花。当遇到不顺心、不顺手、不顺理的事时，要冷静、振作，不能丧失心志。要广角度的审视每件事情，找出其中合理、有利于事情发展的东西，作为解决事情的突破口，使事情逐步得到解决。人只要心不死，永远充满活力，干什么事情就会思路明朗，精神振奋，勇往直前，做出更大的成绩。

2011. 6. 16

伪

伪，其意为不真实。从伪的字形看，由人和为组成。古人畏天，认为天下任何事物都有其天然的形态和天然的运行规则，因此必须尊重事物天然的状态，而不可以按照自己的意志人为去做。因此，人与为联在一起，就是要求事物按照自己的意愿变化，这就被古人冠以不真实的意思，甚至有欺诈之意。可是随着社会的发展，根据人们生产和生活的需要，有些事物是必须经过人为的改造，才能对人类、对社会更加有利。而对有些事物的衡量标准是不能改变的，比如人与人之间的感情，越真诚、越纯洁，就越好。所以我们要正确认识伪字，使人为的东西更加符合科学发展的需要。只有这样，我们生活的才会更好，相处的才会更舒心。

2011.6.16

闻

  新闻就是对新近或正在发生发现的、对公众有知悉意义的事实的报道。新闻报道具有真实性、时效性、准确性、简明性的特点。要真正把握好这些特点，得先做好闻的工作。闻，其意为听见或听见的事情。但是其过程是关键。从闻的字形看，由门和耳组成，且耳在门里。作为新闻工作者，虽耳在门里，但要善于听外面的声音，要从家里、从办公室走出去，到基层、到群众中去，听当事人、听事情发生地各个阶层人们的反映，不断采写出对社会发展、对人民生活有益的好新闻。

2011.10.8

吻

  在社会生活中，吻是一种常见的表达爱意的方式。从吻的字形看，由口和勿组成。吻里有口，说明吻与嘴有关，就是用嘴直接或间接地完成吻的动作，表示亲昵的行为。可是，吻里有勿，而勿的主要意思是无、不，口与勿连在一起，就是淡化嘴的作用。实际上，单纯地用嘴亲吻只是一种机械的行为，而真正体现吻的意义的是用心。不论对于亲情，还是爱情，在亲吻对方时要全身心地投入，用心去吻，让感情进行充分的交流，使亲情、爱情通过亲吻得到升华。

2012.01.29

稳　定

　　稳定是社会发展的基石，只有保持社会稳定，国家才能长治久安，人民才能安居乐业。从稳定字形来看，对于社会稳定，人人都有责任。先谈稳。稳字由禾和急组成，禾是指粮食，民以食为天，无粮而不稳。急是不管我们大家谁有事情，都要及时帮忙。这就是说，粮食是生存的基础，要搞好粮食生产，切实保证粮食安全；要心里装着大家，想大家之所想，急大家之所急，要相互关心，相互支持，尽心、尽力、尽快帮助大家解决一些热点、难点问题，使人们的生活更加顺畅、舒心。再谈定，定字从小处说，由家和正组成，其意是家庭和睦温馨；从大处说，由宇和正组成，其意是国家大局和谐稳定。稳和定组合在一起，就是使我们国家进入良性更新的状态，即通过我们大家共同努力，把国家建设得更加富裕、文明、强大、和谐。

2011. 6. 21

误

　　误，就是错误。误字由言、口、天组成，而且口在天上，说明有的人在表述一些事情时，说的口气比天都大。当任何事情被表述的不着边际时，就难免脱离实际，往往存在错误的成分，易误导对方。这就给我们两点启示：首先，不论是对上司、同事、下属，还是家人、亲戚、朋友说什么事情时，要了解实际情况，对其客观分析，去粗取精，去伪存真，抓住本质，找出关键，有利于对症下药，解决问题。其次，不论对谁说什么事情，要语言中肯，实事求是，不夸大，不缩小，将事情原委表述清楚。只有这样，我们在做什么事情时，才会避免更多的失误，把事情干得更好。

2011. 6. 16

悟

悟，从其字形看，由心和吾组成。心指心理状态，吾是正中的。心与吾联系在一起，是指正中的心理状态，就是正确理解、正好明白、正巧觉醒。而吾的引申义是我，指自己。这就告诉我们，不论做什么事情，自己首先要悟出其中的机理，这是做好事情的基础，然后对症下药，采取更加有效的方法把事情办好。

2011. 12. 15

惜

对于惜字来说,在珍惜一词中,是爱、重视的意思;在惋惜一词中,是感到遗憾、哀痛的意思。从惜字的字形看,有心和昔组成。心是心里想着的意思,昔指以前、从前。心、昔连在一起,就是心里想着过去。其实,心里想着过去,只需要看有没有需要继承的、借鉴的、发扬的、摒弃的,真正需要我们珍惜的是现在,是今天,要把眼前的事情做好。只有这样,我们才不会感到遗憾、哀痛,也就是惋惜。

2011. 10. 26

晰

在日常工作中,不论哪一级组织、哪一个团体,都要求大家有一个清晰的思路。我们单看晰字,其意为清楚、明白。从其字形看,由日和析组成。日指每天。析指分析,就是将事物、现象、概念分门别类,找出本质及其内在联系。如果我们每天都能对所管理的事情、所经历的事情、所涉及的事情进行认真分析,总结经验,汲取教训,找准问题,完善计划,就会清楚、明白所有事情的来龙去脉,有一个清晰的思路。

2011. 10. 26

辖

　　所谓辖区，就是所管理的区域。辖，其意是管理。作为辖区管理者，都想干一些有益于人民、有益于社会的事情。可从辖的字形看，里面却包含着害字。这对于管理者来说，一方面是警钟常鸣，要严于律己，不干有损于自己形象的事，不干有损于社会利益的事；另一方面是要强化社会管理，使辖区内人心向善，人心向好，也就是在任一方，造福一方，而不能为害一方。

2011. 10. 26

宪

宪,其意为法令。从其字形看,由家和先组成。家是指家庭,先是指先行一步。这就是说,对于国家的法令,如果每个家庭都带头执行,那么我们的国家就会和谐稳定。

2011. 10. 26

想　念

　　想念，就是对景仰的人、离别的人或环境不能忘怀，希望能见到。从字形看，想由相和心组成，念由今和心组成，这就是说，一方面，与在一起相处的人或有联系的人要相互关心，相互交心；另一方面，对掂念的人，就一如今天的思念之情，而永不忘怀，这才是想念。

2011. 8. 15

协　调

　　不论是谁，在自己的一生中，为了工作和生活的更舒心，要协调方方面面很多关系。所以，对每个人来说，协调能力是必备的一种素质。从协调这个词的字形看，就是办事十全十美，说话周到得体。当然，要真正做到这一点是不客观的。但是，可以作为每个人的努力方向和提高自己综合素质的标杆。

2011.9.5

悻

悻，其意为怨恨、恼怒，这是心情不好时的一种表现方式。但其中蕴含着向好之势。从悻的字形看，由心和幸组成。心指心情或心里向往的。幸的意思是高兴、幸福和希望。因此，当我们遇到怨恨、恼怒的心情时，要注意调整自己。要由悻转为高兴。多想对自己有利的方面，多想发生在自己身边的有趣的事情，在短时间内把心情调整过来，这样有利于激发生活和工作的热情。要由悻转为幸福。认真分析形成怨恨、恼怒的原因，有针对性地对主客观因素进行调整、完善，变不利为有利，变被动为主动，使我们的生活和工作逐渐向好的方面发展，增强幸福感。要由悻转为希望。当一些事情惹我们产生怨恨、恼怒的时候，说明这些事情没有按照我们的希望发展。希望是指挥棒，能为我们的生活和工作指明方向。所以，我们不论干什么事情，都要树立目标，这就是我们的希望。即使有一些怨恨、恼怒，也要迅速将其抛弃，为实现我们的希望创造良好的思想环境。

2011. 10. 26

衙

衙，旧时官署之称。从衙的字形看，由吾和行组成。吾，其意为中间的，是第一人称我。吾与行联合起来就是我走在道路正中，普通行人需要避让。这些意思突显了古代官吏凌驾于人民群众之上，脱离群众，唯我独尊的官僚作风。所以，作为现代公务人员要摒弃衙门作风，树立为人民服务的形象，真正做到情为民所系，利为民所谋，权为民所用。

2012.01.29

医

　　医的意思是医生、医学、医疗，其中，任何一种都是为了给病人治病，医生是直接实施者。从医的字形看，含有矢字。矢指有的放矢。这就是说医生为病人治病要有的放矢、对症下药。要做好这一点，需要在两方面进行努力。一是要具有高尚的医德。医生的一言一行直接关系到病人的生命苦乐。如果一个医生不讲医德，认钱不认病，不是对症下药，而是对钱下药，那么只会贻误病情，给病人造成更大的精神和生理痛苦，甚至使病人付出生命的代价。所以，医德是当好医生的重要前提和保证。二是要具有高超的医术。医术是医生对病人的医治方法和医疗技术。每个医生都要养成终身学习的习惯。虽然科技发展日新月异，医疗设备越来越先进，但是对医疗设备的检测情况进行分析判断，需要有相当的水平。所以我们要减少对设备的依赖，提高自己的医疗水平，真正做到对症下药，因人施医，确保有一个好的医疗效果。

2011. 11. 18

怡

　　怡字由心和台组成，可理解为心在台上。台即平台。人立平台之上，视野高远、开阔。心情如随人达到这样的境界，才会和乐喜悦。首先，眼力要高。不断增强敏锐性，学会洞察事物，掌握事物发展变化的规律，做到心不茫然，思路清晰。其次，眼界要宽。要站在不同方位，不同侧面来观察事物，以现实的广度、历史的深度对事物进行综合分析，理出理性的科学的东西，达到认识准确，适应宽泛。其三，眼光要远。人无远虑，必有近忧。要具有超前意识，所虑、所做的事情要能适应新形势的需要，做到寂然凝虑，思接千载。

2011.6.18

忆

忆，其意是思念，回想。从其字形看，由心和乙组成。心指心情，乙是天干的次位，可表示植物的生长周期，指幼苗或出芽。心、乙连在一起，就是某种心情像幼苗或幼芽一样，正常情况下，会茁壮地成长。这样，就需要我们将心里的事情经常地进行梳理。好的事情，能使我们心情愉悦，激励我们奋进的，就如关爱幼苗或幼芽一样，让这种心情茁壮地成长；对那些影响我们心情，使我们生气、郁闷的事情，就如遏制幼苗或幼芽生长一样，连根拔掉，不再回想。只有这样，我们才会经常保持良好的心情。

2011.10.24

艺 术

  艺术是反映当地社会生活，满足人们精神需求的意识形态，同时也是在日常生活中进行娱乐的特殊方式，其根本在于不断地创造新兴之美。通过艺术的形式，把浓缩化和夸张化的生活表达出来，给人们以交流、鼓励、启迪、教育的作用。从艺、术两个字的字形可以看出艺术产生的根源。艺字，由草和乙组成。在这里草指的是民众中间和乡间，乙指的是幼苗和出芽。由此可理解为艺术来源于各阶层人民群众的生活，来源于乡村田野的生活。术字，由木和一点组成，且这一点在木之上，就是树上最好看、最耀眼、最需要、最有意义的绿色风景，或绿叶、鲜花相间、相配的精华。

  作为艺术工作者，首先要有正确的人生观和价值观。不论从事文字、绘画、雕塑、建筑行业，还是从事音乐、舞蹈、戏剧、电影等行业，都要从人民的根本需求出发，创造出和谐的、健康的、积极的艺术作品，以激励人们互助互爱，积极进取。其次要沉下去，走进社区、市场、公司、工厂、机关、学校、农村等，到人民群众中去，到农民群众中去，找灵感，找精神，使创作出来的作品能代表人民群众的精神需求。第三，我们每个人都在创造艺术，要有家庭责任感和社会责任感，在日常生活中，不断地创新出更多的服务人民、服务社会的艺术素材，使人们能感受到更高境界的真、善、美。

2011.7.11

幼儿园

　　幼儿园是实施幼儿教育的机构，是对三至六岁年龄阶段的幼儿实施教育，为其未来接受更高层次的教育奠定基础。所以，对于每个人来说幼儿教育是十分重要的。从幼儿园的幼字看，由幺和力组成，幺是细小的意思，力是能力，幺与力联合在一起就是要从细小处着手，培养幼儿的各种能力。从幼儿园的园字看，园是种植蔬菜、花果、树木的地方，培养幼儿就如精心培育蔬菜、花果、树木一样，使其健康成长。况且园含有元字。元，其意为开始的、第一和为首的。这些意思都为幼儿园的教育和发展提出了具体的要求。其一，幼儿教育是人的一生当中首先开始的专业性教育，是养成教育的关键时期，我们要注重培养幼儿良好的学习、生活、行为、卫生习惯，为幼儿的进一步健康成长创造条件。其二，要培养幼儿敢争第一的意识。要经常开展有益于身体、认知、情感、性格健康发展的活动，设置一些争第一、争一流的节目，使幼儿从小就树立敢于拼搏的勇气。其三，要从品质、态度、情感、能力方面对幼儿进行教育，使孩子们将来不论在什么地方，处在什么群体，都能以为首的这个标准来要求自己、锻炼自己、发展自己，真正把自己锻造成国家的有用之才。

2011.11.20

诱　饵

　　诱饵指用以引诱他人的事物。从诱的字形看，由言和秀组成。言指说话，秀指美丽。言与秀连在一起，就是用美丽的语言引导、劝导人。从饵的字形看，由食和耳组成。食指食物，泛指物质利益；耳指听到、听说。食与耳连在一起，就是用物质利益或语言来引诱人。由以上分析可以看出，诱饵无非两种，一种是物质诱饵，一种是精神诱饵。所以，我们不论从事什么职业，都要遵守职业要求，对于物质诱饵和精神诱饵都要设防。尤其是精神诱饵，是无形的，更要警惕。

2011. 11. 10

狱

　　狱字是由一个犬字旁、一个言字旁和一个犬字组成。不论是左边，还是右边，其意都是动物。从这可以看出，如果一个人犯了罪，被送进监狱，就失去了自由，失去了被人尊重的权力，真正成了人微言轻，其话语如同普通动物的呼唤。不管声音大小，难以引起人们的重视和社会的共鸣。因此，我们每个人都要遵纪守法，勿以恶小而为之，做一个热爱社会、乐于助人、品德高尚的人。

2011.6.14

悦

悦，其意为高兴、愉快。从悦的字形看，由心和兑组成。心是指心里思考的状态，兑就是按已经许诺的去做，即兑现诺言。对于每个人来说，不管在什么地方，干什么事情，只要与人之间都能兑现诺言，创造一个诚信的环境，大家就会心情愉快，神清气爽。

2011.10.6

峥 嵘

　　峥嵘，其意是不平凡，不寻常。峥嵘岁月就是不平凡的年月。不平凡的年月是由不平凡的群体造就的。从峥、嵘的字形看，含有争、荣。争就是竞争，互不相让；荣就是兴盛，受人敬重。只要我们大家在各自的行业中，积极进取，努力奋斗，你追我赶，互不相让，就会事业兴盛，取得受人敬重的成绩，创造出美好的峥嵘岁月。

2011.10.6

挣

挣，其意为出力取得。从其字形看，由手和争组成。手指动手，争指力求获得，互不相让。手与争连在一起，就是我们只有动手干，参与竞争，才能争取获得更好的成就。

2011. 6. 16

整 体

　　整体是指整个事物和组织的全体。从整、体的字形看，整由敕和正组成，敕的意思是采取约束措施，强调的是纪律的重要性，正是指标准化，体现的是正气；体由人和本组成，在这里理解为以人为本。整、体连在一起就告诉我们，作为一个整体，要保持昂扬向上的创新发展态势，永远充满生机和活力，得注重三个方面，即以人为本、树立正气和严明纪律。

2011.10.22

证　明

　　我们在日常的工作和生活中，往往会遇到让他人为自己或自己为他人出证明材料的事情。但是，有的人为了一己之利或一己之情，就会出不真实的证明材料。这就违背了证明的本意。从证的字形看，由言和正组成，其意可理解为说话要正确，要符合事实；对于明字，其意是做人要爽直，光明磊落。这就告诉我们，所出证明材料要符合事实，明白清楚。所以，仅仅出个证明材料，就对我们做人做事提出了要求，做人要正直，做事要明白。

2011. 8. 29

政　府

　　政府是指国家的立法机关、行政机关和司法机关等公共机构的总和，代表着社会公共权力。从政、府字形上看，政由正和攵组成，正是光明正大，攵是敲击，正与攵联合起来就是匡扶正义；府由广和付组成，广指宽大的房屋，付即付出，广与付联合在一起，就是宽大的房屋里面的所有人员都应该是在付出。这就告诉我们，作为政府机关中的现代公务人员要以对人民负责的态度，通过匡扶正义，管理好社会，积极为人民的事业付出自己的才智和精力，这才符合政府为人民服务的原则，体现密切联系群众的务实作风。

2012.01.29

祉

祉，其意是福气。从祉的字形看，由示和止组成。示指祖先神，止是驻守、居住的意思。示与止连在一起就是祖先神驻守、居住在你的身边，给你带来福气。但是止还有停住不动之意，这就是对我们说，如果一个人聪明、勤劳、勇敢、善良，福气就会驻守、居住在其身边，使其尽情享受福气带来的快乐；否则，其福气就是到此为止。

2011.12.4

挚　诚

挚诚就是真挚诚恳。常指对人的一种态度。从挚、诚的字形看，挚由执和手组成，即执手；诚由言和成组成，言是对人说话，成是成功。挚、诚连在一起，就是不论是谁，与人相处，态度要真挚诚恳，要相互关心，相互搀扶，真心实意地为人建言献策，帮助大家共同成功。

2011.11.24

挚 友

挚友是指交情深厚的朋友。关于挚字,其字意是亲密、诚恳;其字形由执与手组成,就是执手,即手拉手。所以,人与人之间要建立交情深厚的关系,必须做到两点:一是相互之间要诚恳对待,保持亲密的关系;二是相互之间要手拉手,相互关心,相互支持,相互帮助,共同创造美好的未来。

2012.01.29

智

　　智的意思是聪明，见识广。从智的字形看，由日和知组成。日，其意是每天，即一天一天地过；知，其意是晓得、明了。日、知连在一起，就是告诉我们，每天都要坚持学习，掌握一些知识，日积月累，就会成为智者。

2011. 10. 23

滞

滞的意思是水流不畅。细琢滞的字形，由水和带组成。水指的是随势性；带，其意是引导。我们不论干什么事情，都要尽量避免任何一个环节不畅通。所以，我们在工作中，要注重正确引导，疏通客观和主观上方方面面的关系，做到疏而不滞，使自己的各项工作有条不紊地推进。

2011.10.23

忠　诚

　　忠诚是指对所发誓效忠的对象真心实意，尽心尽力工作，没有二心。其中，忠字由中和心组成，即为中心。这就是说为谁效忠，就以谁为中心。我们在选择这个中心时，不论什么时候，什么地方，都要严之又严，慎之又慎。当然，忠诚于党，忠诚于国家，忠诚于人民是我们的人生准则。至于其他的个人和组织，所处的环境，所从事的工作，只要有与党和国家的法律、法规相违背的，不仅不能与其共事，而且还要以适当的方式进行引导、教育，甚至法律制裁。再者，诚字由言和成组成，其意为所说的已经斟酌，没有虚假，就是实打实说话。一方面，要实事求是反映自己的思想，以便能及时规范个人的言行。另一方面，要诚心诚意地建言献策，积极主动为效忠对象搞好服务。不管是谁，只要所做的事情对党、对国家、对人民有利，我们都要关心、支持、帮助，这样，才是对党、对国家、对人民的无限忠诚。

2011.6.19

忠

忠，就是尽己心力以奉公、做事、对人。任何团体和个人，都需要每个工作人员赤诚无私，尽心竭力。从忠的字形看，由中和心组成，即为中心。一方面，不论是为团体、为个人做事，都要有正直之德，尽忠不偏不倚；另一方面，不管做什么事情，都要以为其服务的个人或团体为中心，其指导思想就是做事方针。即对谁尽忠，谁就是中心；反之，以谁为中心，就要为谁尽忠，在思想上、行动上与其保持高度一致。

2011.8.22

钟 情

钟情指感情专注，尤指男女之情。钟，在古代就是计时器，其职能就是计时，对计时投入、专一，没有二心。与情相连用在表示感情上，就是像钟一样始终如一地对待感情。所以，人们把男女之情寄托在像钟一样的情态上，向往相爱，专一。

人是有灵性的高级动物，对待爱情有强烈的依恋、亲近、向往，宁可摒弃其灵活性、智慧性、社会性，也要将相爱之人的这种情感表达方式当做钟一样，可见男女对性爱感情无私的、稳定的、专一的渴望。为此，每个人都要从自我做起，对爱情要强烈、纯真、专一。一旦心仪对方，且是自己追求的方向，从表到里能相通、相融、相恋、相爱，可以成为相依的伴侣，就要相互钟情。不论年轻，还是年老；不论是富贵，还是贫穷；不论是健康，还是生病，都要相互尊重，相互关心，相互搀扶，相互恩爱，白头偕老，演绎出至高至纯至美的情感。这样，每个家庭都会幸福美满。家庭又是社会细胞，社会就会更加文明和谐。

2012. 1. 16

筑

筑，其意为建造、修盖。从筑的字形看，由竹和巩组成。竹是指建造、修盖用的材料。在古代，就建造、修盖的材料而言，竹是比较好的。巩的意思是巩固，就是使建造、修盖的物体坚固、结实。将竹与巩连在一起分析，告诉我们的是建造、修盖物体的宏观质量标准，就是要好用、坚固、结实。在具体实施中，首先要把好材料选择关。要选择适用于建造、修盖物体的材料，美观、实用、耐用。其次要把好技术应用关。要在每个工序、每个环节上下功夫，指导、应用好施工人员，做工要细、要精、要快，使建造、修盖的物体有一个好的质量。

2011. 12. 4

诹

诹，其意为在一起商量事情。从诹的字形看，含有取字。取指得到、选择。这就是说，当我们与他人在一起商量事情时，关键是要采取适当的方式，充分与人交流、沟通，从中得到一定的意见和建议。然后针对这些意见和建议，要进行归纳整理，去粗取精，从中选择有价值的东西，作为我们的参考，以使我们的事情干得更顺利、更好。

2011.11.24